Άγγελοι Δελφίνια και Καλικάντζαροι

Χρήστος Ζαμπάς

Copyright © 2015 by Christos Zambas

All rights reserved. No part of this book may be reproduced or used in any manner whatsoever without written permission of the author, except in the case of brief quotations embodied in critical reviews and certain other noncommercial uses permitted by copyright law.

For questions, corrections and inquiries contact us at aggelakia@hotmail.com

Original artwork by Christos Zambas
Book design by Myria Zamba Polydorou
Proofreading by Georgia Zamba

First Edition
Printed in the United States of America

ISBN: 978-0-9861456-8-1

Αυτό το βιβλίο είναι μάρτυρας
μίας ατελείωτης μεταμόρφωσης.
Εξιστορεί πάθη, και επιχειρεί να λύσει
τους άπειρους κόμπους
που συναντάει μια χτένα καθώς προσπαθεί να
ξεμπλέξει το χάος που λέγεται ζωή.
Αν έλεγα πως αυτός είμαι εγώ, θα έλεγα ψέματα.
Κανείς δεν είναι αυτός που ήταν χθες.
Στην απίστευτη περίπτωση που συναντήσετε
κάποιον που για αυτόν αληθεύει,
πείτε του συλλυπητήρια...

Περιεχόμενα

Κάτι για τον τίτλο 11

12 Μαρτίου 2010
Αντικειμενικός Σκοπός
ΑΝΣΚ 12
Γενική Κατεύθυνση
Κίνητρα 14

13 Μαρτίου 2010
Ανάμεσα σε δυό κόσμους
Η ζωή ενός δελφινιού 15
Χορεύοντας της ζωής το λίμπο
Όρια 16
Άγγελοι, Θάματα και Πίστη
Πνευματικές εξορμήσεις 17

16 Μαρτίου 2010
Καλικάντζαροι
Ομορφιά 23

20 Μαρτίου 2010
Περί οστράκων και μαργαριταριών
Υποσχέσεις 25
Χαμαιλέοντες, Σύντααα-ΞΙΣ!
Αλλάζοντας Ταυτότητα 27
Άσπρος Θόρυβος
Μυαλουδάκια μέσ' τα βάζα 28

23 Μαρτίου 2010
Πυγολαμπίδες
Στης ζωής τα μονοπάτια 29

25 Μαρτίου 2010
Τι εστί χρυσάφι
Μεθυσμένος οδοιπόρος 31

Μην Σκέφτεσαι
Σύντομη συμβουλή 32

26 Μαρτίου 2010
Ένα καβουράκι
Μια απέραντη θάλασσα 33
Πίστη
Ετοιμολογίες 35

30 Απριλίου 2010
Προϊόντα περιορισμένης αντίληψης
Και μετά; 38

21 Μαΐου 2010
Σκέψεις του βυθού
Περασμένα... ξεχασμένα; 40

29 Μαΐου 2010
Junk ιδανικά και galleries αφηριμένης σκέψης
Έμπνευση 41

2 Ιουνίου 2010
Μην τον ακούς, είναι τρελός!
Κλουβιά 44

20 Ιουνίου 2010
Υφαίνοντας ιστούς
Μοναξιά 46

2 Αυγούστου 2010
Γύρω γύρω όλοι
Επιτόπιο τροχάδι 49

23 Αυγούστου 2010
Χαρτάκια στα μπισκότα μου
Μεγάλες προτάσεις 51

5 Σεπτεμβρίου 2010
Περίεργα πράματα
Κόμποι και ανακαλωδιώσεις 52

3 Νοεμβρίου 2010
Πατρίδες για όλα τα γούστα
Μούσες 53

14 Νοεμβρίου 2010
Εξαργυρώνοντας αναμνήσεις
Η αξία μιας στιγμής 56

27 Νοεμβρίου 2010
Διαλέγοντας στρατόπεδα
Αιώνια παλέτα 58

25 Δεκεμβρίου 2010
Σύμβολα
Υπάρχουν αλήθειες κι αλήθειες 61

28 Ιανουαρίου 2011
Παίζοντας στο κουτί με την άμμο
Σειρήνες 65

8 Φεβρουαρίου 2012
Μικροί κλόουν
Μια ζωή σε μια στιγμή 67

Τελευταία λόγια
Ευχές κι αντίο 69

Σχετικά με τον συγγραφέα 71

Κάτι για τον τίτλο

Οφείλω μία σύντομη επεξήγηση για την επιλογή του τίτλου: *Άγγελοι, Δελφίνια και Καλικάντζαροι*. Αυτή είναι και η ονομασία του ιστολογίου απ' όπου γεννήθηκε το βιβλίο. Όταν το ιστολόγιο άρχισε να παίρνει μορφή, περιφερόταν γύρω από αυτά τα σύμβολα, τα οποία το εφοδίασαν με γερές βάσεις για να κτίσει.

Τα *Δελφίνια* δηλώνουν τους συμβιβασμούς του κάθε ανθρώπου, μέσα από την αιώνια πάλη μεταξύ του αληθινού του εαυτού και της ανάγκης να γίνει αποδεκτός· των φυσικών και ψυχικών αναγκών, αν θέλετε.

Οι *Καλικάντζαροι* είναι το κάθε τι διαφορετικό, το οποίο η κοινωνία κατακρίνει μόνο και μόνο γιατί διαφέρει, όσο όμορφο και συναρπαστικό μπορεί να είναι.

Τελευταίο αλλά και πιο σημαντικό, οι *Άγγελοι* εμπνέουν κάτι θρησκευτικό, με μία πολύ θολή χρήση της λέξης. Άγγελοι είναι το κάθε τι στην καθημερινότητα, η κάθε αφορμή η οποία εμπνέει και δίνει τροφή για σκέψη και συνεπώς εξέλιξη. Άγγελοι σε καθοδηγούν, και σε κινητοποιούν.

Εδώ πρέπει να συγκρατηθώ, γιατί υποσχέθηκα σύντομη επεξήγηση και το ταξίδι μας περιμένει.

Απολαύστε.

Παρασκευή, 12 Μαρτίου 2010

Αντικειμενικός Σκοπός
ΑΝΣΚ

Ο σκοπός αυτού του βιβλίου δεν είναι ούτε να αλλάξει την γνώμη οποιουδήποτε αναγνώστη, ούτε να τον πείσει να κάνει πράγματα που από μόνος του δεν θα διανοείτω να κάνει για τον απλούστατο λόγο πως δεν τον χαρακτηρίζουν... ακόμα.

Ο ΑΝΣΚ μου η προσωπική λύτρωση, η οποία όπως μου δίδαξε ένας ταξιδιώτης στη ζωή, διακλαδώνεται από, και προς, τα πάντα. Σαν άπειρες διώρυγες τις οποίες θα αναγκάζεσαι να αναζητάς για όλη σου τη ζωή, γιατί μόνο μέσω αυτών μπορείς να φτάσεις εντέλει στο Φως.

Όταν εξελίσσεσαι, θες δεν θες, βοηθάς τους γύρω σου να εξελιχθούν μαζί σου. Σχεδόν *ποτέ* με το να τους μιλάς για αυτή τη διαδικασία, αλλά με το να πράττεις με αυτοσκοπό, πίστη και ενθουσιασμό.

Μη γελιέστε όμως. Το *νου* σας. Η εξέλιξη μπορεί να είναι και θετική, αλλά και αρνητική. Ο κυριότερος και πιο κατανοητός λόγος για αυτή μου τη δήλωση το γεγονός πως δεν είμαστε ποτέ σε θέση να λέμε πως ένας τρόπος ζωής είναι ανώτερος ή κατώτερος από κάποιον άλλο. Τα πάντα είναι σχετικά με τον άνθρωπο, και τον κόσμο το δικό του· γιατί ο καθένας μας δεν είναι ένα άτομο, αλλά ένας ολόκληρος κόσμος.

Στο θέμα μας. Λέω εγώ τώρα: Αυτός ο τρόπος ζωής είναι χάλια, και δεν προσφέρει χαρά, ευτυχία, λύτρωση, λεφτά, κοινωνικό στάτους, ή το πιο άυλο από όλα, *ασφάλεια*.

Σκατά. Τι μας λες κύριε; Ένα πράγμα θα σας πω, γιατί σκοπός μου όπως ξανάπα δεν είναι να σας μεταπείσω αλλά να βρω τη δική μου προσωπική λύτρωση (η οποία πορεία - γιατί αν νομίζετε πως θα είναι κατάληξη είστε γελασμένοι - για οποιονδήποτε άλλο μπορεί να είναι κατάντια). Σκέφτομαι: αυτό δεν φέρνει ευτυχία... Χμ... Αυτόματα, στον δικό μου κόσμο, όσοι ακολουθούν αυτό το μονοπάτι μετατρέπονται σε ριχούς κολυμβητές που πασχίζουν να υπερνικήσουν ένα ποτάμι που δεν οδηγά στον ωκεανό, αλλά κάνει κύκλους. Όμως, ποιοι είμαστε εμείς να κρίνουμε; Μπορεί το δικό μας ποτάμι να είναι ακόμα πιο ριχό, αλλά να μην το καταλάβουμε μέχρι μια μέρα να κουραστούμε, και με το που θα σταματήσουμε να ξεκουραστούμε να χτυπήσουμε το πόδι μας στον πυθμένα, να πονέσουμε, (γιατί αυτή είναι η ουσία, και απόδειξη πως είμαστε ζωντανοί) και να μας έρθει η αλήθεια κατακούτελα.

Ποιος λαμβάνει το βάρος λοιπόν, να κάνει μία τέτοια δήλωση;

Και πάλι περιαυτολογώ. Είναι ένα κόμπλεξ (μου λένε οι άλλοι, αλλά εγώ το έχω ανάγκη, οπότε χέσ'το). Όπως μου έλεγε λοιπόν ο ίδιος ταξιδιώτης, τον οποίο θα αναφέρω συχνά είτε το θέλει είτε όχι, μιλάω πάλι πολύ και έχω πλέον χάσει την ουσία και γράφω για να γράφω, οπότε τα λέμε...

Γενική Κατεύθυνση
Κίνητρα

Κάτι που μου προσανατολίζει τη ζωή:

Είν' η πιθανότητα να πραγματοποιηθούν τα όνειρά μας που δίνει ενδιαφέρον στη ζωή.

Διαλέγεις και παίρνεις:
Ή δρας με ζήλο, αυτοσκοπό και ενθουσιασμό,
ή δρας με κίνητρο την πίεση, το άγχος και το φόβο.

Σάββατο, 13 Μαρτίου 2010

Ανάμεσα σε δύο κόσμους
Η ζωή ενός δελφινιού

Κάποτε υπήρχε ένα δελφίνι, υποχρεωμένο εκ γενετής να ζει μεταξύ του βυθού και της επιφάνειας.

Εκ φύσεως νιώθει την ανάγκη να βγει στην επιφάνεια να αναπνεύσει... Φτάνει το φως, ανασαίνει, και ανακουφίζεται. Για μία στιγμή βλέπει πόσο μεγαλος είναι στ' αλήθεια ο κόσμος, μαγεύεται, και πάνω στην αγαλλίασή του θέλει να μείνει εκεί για πάντα...

Μετά από λίγο συνειδητοποιεί πως όσο μένει στην επιφάνεια περιθωριοποιεί τον ίδιο του τον εαυτό, πως έχει άλλες πολλές ανάγκες τις οποίες μόνο στον βυθό μπορεί να ικανοποιήσει, και πως στερείται άπειρες χαρές που μόνο στα βαθιά μπορεί να τις βιώσει...

Οπότε, με κίνητρο πια, το μικρό δελφίνι παίρνει μία τελευταία εισπνοή και με μια βουτιά επιστρέφει στο βυθό της θάλασσας...

Ανάλογα με το πόσο έχει προετοιμαστεί, και πόσο μεγάλη εισπνοή πήρε, τόσο περισσότερο θα μπορέσει να επιβιώσει στον κάτω κόσμο πριν του έρθει πάλι η ανάγκη να ξεφύγει στην επιφάνεια για να αναπνεύσει...

Χορεύοντας της ζωής το λίμπο
Όρια

Λένε σε έναν άνθρωπο ποια είναι τα όριά του.

Αυτός ασπάζεται τα όσα του λένε, και συνειδητοποιεί πως οι δυνατότητές του είναι προκεχωρημένες· πρέπει να αφαιρέσει από τον εαυτό του για να μπορέσει να συνεχίσει τη ζωή υπό αυτά τα όρια, όπως κάνουν άλλωστε και οι γύρω του. Οπότε περιορίζει τις προσπάθειές του, με τελικό προορισμό αυτά που του λένε πως μπορεί να επιτεύξει.

Λένε σε έναν άλλο άνθρωπο ποια είναι τα όριά του.

Αυτός ευτυχισμένος ακούει τα όσα του λένε, και σκέφτεται πως με το να του ορίζουν το ύψος που μπορεί να φτάσει, του δίνουν ένα στόχο για να επιχειρεί να υπερκεράσει. Όχι τόσο για να αποδείξει κάτι στους άλλους, αλλά για προσωπική του ικανοποίηση και απόδειξη στον εαυτό του πως οι ικανότητές του είναι απεριόριστες. Έχοντας υπόψη του πως μόνο ο ίδιος εντέλει θα ορίσει το τι μπορεί και το τι δεν μπορεί να κάνει, και μη φοβώντας την απογοήτευση, βάζει στόχο του τα αστέρια.

Γιατί ο φόβος της απογοήτευσης κρατάει και βασανίζει περισσότερο από την ίδια την απογοήτευση, η οποία είναι στιγμιαία.

Οπότε τους λέει ευχαριστώ που μου δίνετε λόγο να ζω και να πασχίζω, σκαλοπάτια να πατώ σταθερά και να συνεχίζω να ανεβαίνω, αλλά στενέψτε ακόμη λίγο τα όρια ρε παιδιά, γιατί μ' αρέσει πολύ να χορεύω λίμπο.

Άγγελοι, Θάματα και Πίστη
Πνευματικές εξορμήσεις

Θέλω να ξεκαθαρίσω μέσα μου το τι εστί θαύμα, άγγελος και πίστη, γιατί θα υποστήριζα την ύπαρξη και των τριών, αλλά κάθε φορά που κάποιος τα αναφέρει τυχαία σε συζήτηση νιώθω πως μιλούμε με ορισμούς εντελώς διαφορετικών πραγμάτων. Αυτό με εκνευρίζει αφάνταστα, οπότε απώτερος σκοπός αυτή τη φορά η αυτογνωσία...

Πίστη

Σε τι πιστεύω; Αν έλεγα πως πιστεύω στο Θεό, όπως τον ορίζουν όσες θρησκείες είχα την τιμή να γνωρίσω μέχρι τώρα, θα έλεγα ψέματα... Ειδικά όταν τον παρουσιάζουν ως μία παντοδύναμη οντότητα, η οποία αυτόβουλη και παντογνώστης βλέπει τα πάντα, κάνει που και που λίγα θαύματα, και κρίνει στο τέλος ποιος αξίζει να σωθεί και ποιος να καταδικαστεί. Εάν υπήρχε τέτοια οντότητα με τέτοιο καθήκον, τότε θα μπορούσαμε να πούμε πως είναι η ίδια καταδικασμένη για να υπηρετεί το ανθρώπινο γένος, πράγμα πρώτο ηλίθιο και πολύ εγωκεντρικό, και δεύτερο οξύμορο, για τον απλούστατο λόγο πως ουσιαστικά αυτό θα σήμαινε πως υπάρχει για να μας νταντεύει, πως είμαστε δηλαδή εμείς οι δικοί της θεοί. Ένας ταξιδιώτης μου είπε κάποτε πως είχε διαβάσει πως ο Θεός έχει πλέον πεθάνει. Εγώ θα το έλεγα λίγο διαφορετικά, αν και πιστεύω πως αυτό εννοούσε και ο ίδιος: πως ο καιρός που ο άνθρωπος (ή τουλάχιστον ένα σεβαστό πλέον κλάσμα του συνόλου) χρειαζόταν τον Θεό αυτής της μορφής έχει πλέον τελειώσει.

Ξεφεύγω από το θέμα... Προς τα πού λοιπόν κατευθύνω την πίστη μου; Προς τη δύναμη της ίδιας της πίστης, η οποία βοηθά τον απλό κοσμάκη να εκπληρώσει τα όνειρά του. Άσχετο με το πού κατευθύνεται αυτή η πίστη, πιστεύω σ´αυτήν - και όχι αναγκάστικά στο περιεχόμενό της - με την προδιαγραφή πως δεν κινητοποιεί τον άνθρωπο με εργαλείο τον φόβο, ή τις ψεύτικες αμοιβές όπως η πλειονότητα των θρησκευμάτων σήμερα. Η κάθε δύναμη η οποία ωθεί το σύνολο που αυτοαποκαλείται άτομο να πασχίζει προσωπικά προς τη δική του εσωτερική εξέλιξη - και στο να βοηθά οποιοδήποτε άλλο ζωντανό να ακολουθεί την δική του, χωρίς εξωτερικές υποβολές - είναι κατ´εμένα ιερή. Η ίδια δύναμη εμπνέει τον άνθρωπο να συνοδεύει τις ενέργειές του με ενθουσιασμό, αισιοδοξία, ζήλο, χαρά, και αγάπη προς τη δική του ζωή ως και του κάθε τι γύρω του.

Θαύματα

Τι εστί θάμα; Οι παλιοί θα αποκαλούσαν έτσι οτιδήποτε δεν μπορεί να δικαιολογηθεί με τη λογική, ή ακόμη χειρότερα (αν και παραπλήσιο), με τους φυσικούς νόμους. Με άλλα λόγια ο,τιδήποτε σηματοδοτεί την ύπαρξη του πανάρχαιου διάσημου Θεού, ο οποίος μπορεί κατά βούληση να αψηφίσει τους νόμους που υφαίνουν το σύμπαν. Τι πάει να πει αυτό; Με την προυπόθεση πως είμαστε διατεθημένοι να βάλουμε στο πλάι τον ανθρώπινο εγωισμό μας, και να παραδεχτούμε πως δεν γνωρίζουμε τα πάντα για τον φυσικό κόσμο στον οποίο ζούμε, *απολύτως τίποτα*. Τα θαύματα αυτά απλά υπογραμμίζουν την άγνοιά μας ως προς τη σύνθεση και καταγωγή μας· την ανάγκη του κάθενος στην πίστη σε ένα θείο προστάτη για να απαλύνει είτε ο πόνος της μοναξιάς μέσα στο πλήθος, είτε ο φόβος πως η ίδια η ύπαρξή του είναι ουσιαστικά και καυστικά ανούσια.

Οπότε, μέσα από το φακό της δικής μου αντίληψης, τι περιφέρεται με την ετικέτα 'θαύμα'; Θα έλεγα το κάθε γεγονός το οποίο σηματοδοτεί έστω και ένα από τα παρακάτω:

Πρώτο, την ασυμβίβαστη ομορφιά του σύμπαντος, η οποία παρεπιπτόντως μας παρουσιάζεται επανελημμένα γυμνή αλλά είμαστε υπερβολικά πολυάσχολοι να την αντιληφθούμε.

Δεύτερο, το ανεξάντλητο ψυχικό σθένος, το οποίο έχει την δύναμη να βρει μέσα από τις άπειρες διακλαδώσεις του σύμπαντος που αποκαλούμε παρόν, ένα παραπλήσιο στο οποίο αν και φανερά απίθανο, έχει ήδη συμβεί κάτι το όποιο επιθυμούμε συνειδητά ή ασυνείδητα, και να το αγκιστρώσει τόσο βαθιά, να το τραβήξει με τέτοια αποφασιστικότητα μέσα από το φάσμα του χρόνου και των πιθανοτήτων, που να το κάνει παρόν...

Άγγελοι

Χμ... Άγγελοι αμέτρητοι. Όπου σταθείς και όπου βρεθείς, ΤΣΑΚ! Να ένας άγγελος που σου δίνει την ευκαιρία να διαλογιστείς και να εξελιχθείς. Όπως τις μύγες είναι, που προσπαθείς να επικεντωθείς σε μία, αλλά κάποιες φορές είναι τόσες πολλές που οι υπόλοιπες σου αποσπούν την προσοχή, ή που όσο και να μην τις θες όλο εκεί θα είναι, και θα βουίζουν την ύπαρξη τους σε όσους μπορούν να ακούσουν και να δουν πραγματικά...

Πού είναι τα παλιά φτερωτά αγγελάκια ρε παιδιά,

που έρχονταν σε προσωπικό, ατομικό πακέτο, σου ψιθύριζαν στο αυτί συμβουλές, και σε προστάτευαν απο το κακό; Απ' ότι φαίνεται αυτή η έκδοση έχει πλέον αποσυρθεί...

Τώρα τα αγγελάκια αναπηδούν σαν νεραΐδες από το ένα άτομο στο άλλο, από το κάθε έμψυχο ή και κάποιες φορές άψυχο υλικό σε άλλο. Μπελάς μωρέ. Άσε που θες και αποκωδικοποιητή για να τα αντιληφθείς, ο οποίος είναι δυσεύρετος...

Ευτυχώς, όταν καταφέρεις και δημιουργήσεις έναν αποκωδικοποιητή, η εγκατάσταση είναι εσωτερική, μόνιμη, και συνήθως πολύ φτηνή όταν ξεπεράσεις το πρώτο σοκ (εάν εξαιρέσεις το κάτι τοις εκατό που οδηγήθηκαν στην παράνοια).

Όπως και να 'χει... Μετά από μία επιτυχή εγκατάσταση, αρχίζει η πρώτη ροή πληροφοριών. Περιεργάζεσαι έναν κόκκο άμμου... ΤΣΟΥΦ! πετάγεται έξω ένα αγγελάκι.

Σου λέει πως για να δημιουργηθεί, έπρεπε να λάβουν πορεία οι κατάλληλες προυποθέσεις. Δημιουργία σύμπαντος, νετρόνια, πρωτόνια και όλα τα συναφή, άτομα, αστέρια, ατομική σύνθεση, έκρηξη αστεριού, σύνθεση σιλικόνης, σχηματισμός ηλιακού συστήματος και γης, τεκτονικές δραστηριότητες, και άπειρες άλλες διαδικασίες. Επειδή περιαυτολογώ, μπαίνω στο ψητό. Ο αποκωδικοποιητής μου με ενημερώνει πως το αγγελάκι μου διηγείται την ιστορία της δημιουργίας μέσα από αυτόν τον κατά τ' άλλα ασήμαντο κόκκο άμμου.

Περπατάω στο δρόμο. Βλέπω την κίνηση και νιώθω την κατασταλαγμένη ενέργεια να πάλλεται στο κάθε τι γύρω μου. Μου χτυπάει κατακέφαλα η αλήθεια πως τα πάντα είναι φτιαγμένα από το ίδιο υλικό, ενέργεια, και το τι προσδιορίζει το ποιο ονομάζεται ομπρέλα, ή σκύλος, ή ήλιος, είναι καθαρά το παραμύθι που ακολούθησε από τη δημιουργία του σύμπαντος μέχρι τώρα, το οποίο σύνθεσε τη δομή, το είναι του... Όλοι οι άνθρωποι είναι φτιαγμένοι από τα ίδια αγνά υλικά, με κάποιες παραλλαγές στη συνταγή, και αργότερα στο ζύμωμα...

Όπως και να 'χει, με το που τα σκέφτομαι όλα αυτά, αντί να χάνεται μέσα από τον μινιμαλισμό η ομορφιά του καμβά που μου δίνεται η τιμή να εξετάσω, έρχεται σαν παλίρροια το δέος και εξαγνίζει το μικρό μου μυαλουδάκι. Με τι να πρωτοκαταπιαστώ; Να διαλογιστώ μέσω της απέραντης θάλασσας, του φωτός, του αέρα που αναπνέω, του φαγητού που τρώω, των ανθρώπων που με περιτριγυρίζουν;

Η ουσία, γιατί κάποιες φορές πρέπει να παίρνουμε την απόφαση να κάνουμε και λίγο χρόνο στο γεμάτο πρόγραμμά μας για να ζούμε:

Το κάθε τι που μπορεί να σου δώσει τροφή για σκέψη, αρνητικό ή θετικό (γιατί εσύ αποφασίζεις εάν θα το ρίξεις στο συρτάρι με τα παραδείγματα προς αποφυγή ή μίμιση), είναι και ένα αγγελάκι που αποσκοπεί να σε βοηθήσει να εξελίξεις τον τρόπο ύπαρξής σου. Άγγελοι αμέτρητοι, κουνούπια, μύγες και μυρμήγκια, απλόχεροι, αλτρουϊστές, καταλύτες και θρέψη για το μυαλό. Αν έχεις τα κότσια, πάρε ένα δίχτυ, πάτα το 'ON' στον αποκωδικοποιητή σου, και ξεκίνα το κυνήγι...!

Τρίτη, 16 Μαρτίου 2010

Καλικάντζαροι
Ομορφιά

Βλέπω έναν καλικάντζαρο... Πηδάει από τη μία στέγη στην άλλη, και έπειτα βουτάει σε μία καμινάδα.

Μου εμπνέει φοβερή ανησυχία, φόβο, και αηδία... Γιατί; Φταίει το αλλόκοτα καμπυλωτό του σώμα; Τα εξωγήινα αναπηδητά του; Ή το τραχύ μαυροκόκκινο δέρμα του και τα κίτρινα γουρλωτά του μάτια;

Ο,τιδήποτε το ξένο ξυπνά μέσα μας ένα μείγμα αρνητικών συναισθημάτων, ενώ κάλλιστα θα μπορούσε να προκαλέσει περιέργεια, ενδιαφέρον, ενθουσιασμό, ακόμα και δέος. Από πού πηγάζει αυτή η διεστραμμένη νοοτροπία; Ποιος όρισε εμάς νορμάλ, για να έχουμε το δικαίωμα να αποκαλούμε τους άλλους... διαφορετικούς;

Ζωτικός στόχος να αποβάλουμε αυτό το παμπάλαιο πρόγραμμα επεξεργασίας και να εγκαταστήσουμε ένα που θα βοηθήσει την ανθρωπότητα να βάλει τις βοηθητικές και να ξεφύγει από το βούρκο στον οποίο έχει κολλήσει εδώ και καιρό...

Σκυφτό, ένα μικρό καλικαντζαράκι μας παρατηράει μέσα από την κουφάλα μιας πανάρχαιας ελιάς και στοχάζεται:

«Τι κακάσκημα πλάσματα αυτοί οι άνθρωποι, κατάχλωμοι, άτριχοι σαν τα νεογνά ποντίκια. Όλοι σφυχτοί, κρύοι υπερόπτες προς την ομορφιά που τους περιβάλλει. Ούτε καν κέρατα δεν έχουν οι άτιμοι. Ίδιοι κι απαράλλαχτοι, και μες την μονοτονία πασχίζει ο ένας να μοιάσει του άλλου... Επόμενο ήταν, να τους εγκαταλείψει η βούληση να πηδήξουν με τόση δύναμη, τόσο ψηλά, που να καταφέρουν να αγγίξουν τα αστέρια...»

Σάββατο, 20 Μαρτίου 2010

Περί οστράκων και μαργαριταριών
Υποσχέσεις

Αναζητούμε μια ζωή τις υποσχέσεις, προς τους άλλους αλλά και τον ίδιο μας τον εαυτό, που θα είναι αδιάσειστα αληθινές, αγνές, οικουμενικές, διαχρονικές... Υποσχέσεις στις οποίες θα μπορούμε να στηρίξουμε το 'είναι' μας μέχρι το τέλος, όχι από ξεροκεφαλιά πως έχει ήδη παρθεί η απόφαση, αλλά γιατί ακόμη να γεννηθεί μία φωτεινότερη μέσα στο μικρό λαμπάκι πάνω απ' το κεφάλι μας για να την εκθρονίσει.

Όταν φοβάσαι να κάνεις μία υπόσχεση, είτε για αποφυγή δέσμευσης είτε από φόβο πως στου χρόνου τα παρασκήνια μπορεί να εμφανιστεί κάτι πιο ουσιώδες ή – στην αντίθετη και κάκιστη περίπτωση – χειροπιαστό, τότε κλείσου στο όστρακό σου και άσε του άλλους έξω να ζούνε...

Για να δημιουργηθεί ένα μαργαριτάρι, χρειάζονται πρώτες ύλες. Εάν μια ζωή το όστρακό μας είναι κλειστό, όσο κι αν μάταια πασχίζουμε να φτιάξουμε μαργαριτάρια, δεν γίνεται δουλειά...

Χαμαιλέοντες, Σύντααα-ΞΙΣ!
Αλλάζοντας ταυτότητα

Προσοχή! Προς όλους του χαμολιούς εκεί έξω, ειδικά στους εύκολα προσαρμόζοντες:

Όσο αναγκαίο προς την επιβίωσή μας κι αν είναι να αλλάζουμε συνεχώς χρώματα (ανάλογα με το περιβάλλον που μας περικλείει), ποτέ, μα *ποτέ* μην ξεχνάτε το αληθινό σας χρώμα...

Άσπρος Θόρυβος
Μυαλουδάκια μέσ' τα βάζα

Όταν ένα μυαλό εκπέμπει αυτά που δέχεται, γίνεται καθρέφτης για τους άλλους και τους δείχνει αυτό που πραγματικά είναι, καλό ή κακό πάντα και αδιάσειστα σχετικό. Αυτό φυσικά ωθεί τον διαλογισμό, και εντέλει την εξέλιξη όχι μόνο του συγκεκριμένου ατόμου αλλά και όλων των μυαλών στο ίδιο ράφι, το οποίο αποκαλούν 'κοινωνία'.

Γιατί η εξέλιξη, όσο κι αν κάποιοι εγωιστικά ή εν άγνοια διαφωνούν, είναι πάντα ομαδική. Αυτό κυρίως γιατί η μόνη απόδειξη η οποία μας θέτει σε διαφορετικά βάζα είναι οι δικοί μας απεγνωσμένοι ισχυρισμοί...

Άσπρος Θόρυβος

Ένα μυαλουδάκι εκ γενετής νιώθει την αυξανόμενη τάση, την ανάγκη να δημιουργήσει τη δική του εκπομπή. Ξεχνάει όμως το πιο σημαντικό. Πως αληθινή αντανάκλαση του εαυτού του μπορεί να του προσφέρει σχεδόν αποκλειστικά μόνο το δικό του βάζο...

Έτσι ανοίγει τους δέκτες του, και αρχίζει να παρατηράει μέσα στα ξένα βάζα για να εμπνευστεί και να προσανατολιστεί. Δυστυχώς, έτσι χάνεται στις παρεμβολές... πνίγεται στα παράσιτα...

...Αφιερωμένο στης ζωής τον ταξιδιώτη

Τρίτη, 23 Μαρτίου 2010

Πυγολαμπίδες
Στης ζωής τα μονοπάτια

Κάτι για τη φιλία, την ανιδιοτελής αγάπη...

Η ζωή είναι γεμάτη πυγολαμπίδες.

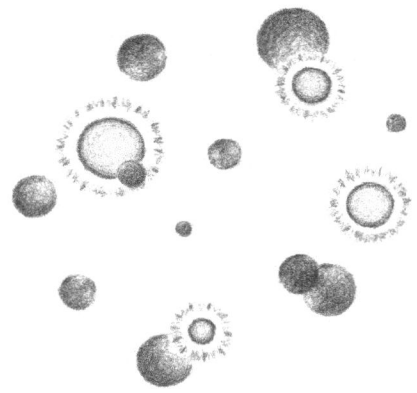

Εμφανίζονται αναπάντεχα από το πουθενά μέσα στη νύχτα και σου απαλύνουν το φόβο για το σκοτάδι. Σε μαγεύουν με την κίνησή τους, τη λάμψη τους, το ρυθμό που αναβοσβήνουν...

Δεν θες ποτέ να σε εγκαταλείψουν, και κάθε φορά που σβήνουν και καθυστερούν λίγο να επανεμφανιστούν πανικοβάλλεσαι. Συλλογίζεσαι πως εάν χάθηκαν για πάντα θα μείνεις μόνος, καθώς αυτές σου έριχναν Φως στη ζωή. Και ξαφνικά αναζωπυρώνονται, και λαμπρότερες από ποτέ – ίσως επειδή συνήθισες να βλέπεις στο σκοτάδι – σε μεθούν με το Φως τους.

Όταν μια πυγολαμπίδα χαθεί στο σκοτάδι και γνωρίζεις

πως είτε δεν θα την ξαναδείς, είτε πως θα αργήσει να επιστρέψει, μην απελπίζεσαι. Μην λες πως οι στιγμές που μοιραστήκατε δεν πρόκειται να συγκριθούν με οτιδήποτε άλλο επιφυλάσσει το μέλλον, γιατί έτσι κλείνεις τα μάτια σου, και ίσως μέχρι - και εάν - τα ξανανοίξεις δεκάδες άλλες πυγολαμπίδες να έχουν ήδη γεννηθεί και πεθάνει και να τις έχεις χάσει...

Μην αναζητάς νέες πυγολαμπίδες που να μοιάζουν με τις παλιές. Η κάθε μία έχει τη δική της συχνότητα, το δικό της χρώμα, το δικό της τρελό χορό μέσα στο σκοτάδι· είναι ξεχωριστή. Εαν βρεθεί μια παρόμοια, πράγμα σχεδόν αδύνατο, τότε αυτόματα χάνουν και οι δύο την αρχική τους αξία, καθώς δεν θα είναι πλέον μοναδικές...

Ο κύκλος αναγέννησής τους είναι αιώνιος. Μόνο όταν εσύ ο ίδιος σφραγίσεις τα βλέφαρά σου αυτές θα σταματήσουν να σκοτώνουν το σκοτάδι που σε περικλείει.

Έτσι, με ορθάνοιχτα τα μάτια και γνωρίζοντας πως όλα τα φωτάκια αναπόφευκτα κάποτε θα σβήσουν, περπατώ άφοβα μέσα στο σκοτάδι, με τα φώτα οδηγούς, γιατί ξέρω πως κι εγώ είμαι μία πυγολαμπίδα...

Τρίτη, 25 Μαρτίου 2010

Τι εστί χρυσάφι
Μεθυσμένος οδοιπόρος

Γυρίζει ένας και μου λέει:
«Ρε φίλε, θέλω πολύ ένα *Mercedes*»

Και γυρίζω κι εγώ και του λέω κοροϊδευτικά:
«Ναι ρε, και 'γω θέλω...»

...και σκέφτομαι τι θέλω τόσο πολύ και δεν το έχω...
...και σκέφτομαι...
...και δεν βρίσκω τίποτα να του απαντήσω.

Γιατί το μόνο που θέλω είναι να είμαι με άτομα που αγαπώ...
...ότι κι αν σημαίνει αυτό...
...είτε κι αν περνούμε ωραίες ή άσχημες στιγμές...
...φτάνει να είμαστε μαζί...

...αυτό με γεμίζει...
...αυτό με μεθάει...
...ευχαριστώ...

Μην Σκέφτεσαι
Σύντομη συμβουλή

Σταμάτα να σκέφτεσαι... Το να νιώθεις κάποιες φορές είναι πιο δυνατό.

Όχι κάποιες φορές, *πάντα*, γιατί είναι μεταδωτικό στα άτομα με τα οποία είσαι πιο στενά συγχρονισμένος...

Έτσι είτε θα μοιραστείς την χαρά σου είτε θα αποφορτωθείς τον πόνο σου...

Παρασκευή, 26 Μαρτίου 2010

Ένα καβουράκι
Μια απέραντη θάλασσα

Ένα καβουράκι κάθεται στην παραλία και βλέπει τον ασυμβίβαστο χορό των κυμάτων... Η σιωπηλή μουσική του γεμάτου και ταυτόχρονα άδειου πνεύματος στον αιθέρα διεγείρει μέσα του τα ξωτικά, τους καλικάντζαρους, γύρω του στοιχειά κι αγγέλοι, σε ένα ξέφρενο χορό με σκοπό την αιωνιότητα... Οι γεμάτες νόημα κινήσεις τους σου μιλάνε, κι εσύ τις ασπάζεσαι ανήσυχος και προσπαθείς με όποιο μέσο έχεις να αποκωδικοποιήσεις αυτό που βιώνεις...

Ο κόσμος φαίνεται απέραντος, παντοτινός, μικροσκοπικός, ένας κόκκος άμμου...

Κινείται λίγο από την θέση του και προσπαθεί να συμμαζέψει το μυαλό του για να μην παρανοήσει... Ξαφνικά αυτά που πάντα είχε πεταμένα στα βάθη των συρταριών, αποθηκευμένα μόνιμα ή χωρίς σκοπό να τα αντιμετωπίσει στο άμεσο μέλλον, ξεβράζουν στην ακτή...

Όλα όσα κάποτε του φαίνονταν ασήμαντα μετατρέπονται σε αρχές ζωτικής σημασίας, και αυτά που το παρενοχλούσαν σβήνουν μέσα στην αλμύρα του ανέμου, χαζά παιχνιδάκια του μυαλού που σου εμφυτεύει η κοινωνία από τη μέρα που γεννιέσαι...

Όλο του το είναι, όμορφες σειρήνες, του ψιθυρίζουν επιτέλους την ταυτότητά του, και όλες του οι αδυναμίες καθρεφτίζονται στη θάλασσα μαζί με το εξωγήινο φως του πλέον γεμάτου φεγγαριού... Συνειδητοποιεί πως μία ζωή αυτό που φοβόταν ήταν να αντιμετωπίσει το εσωτερικό του κέλυφούς του, για το λόγο πως θα του παρουσιαζόταν απλό, ανούσιο, απρόσωπο...

Η αναπάντεχη διαύγεια αντίληψης και σκέψης του σείει το έδαφος κάτω από τα πόδια, και προσπαθεί να ισορροπήσει στην πλέον ασταθής, κινούμενη αμμουδιά. Συνάμα συνειδητοποιεί πως όλη του την ζωή περπατούσε στο πλάι και όχι μπροστά... Όσο κι αν ήθελε να φτάσει το νερό, όλες του οι κινήσεις γίνονταν περιμετρικά του...

Βγάζει κατατρομαγμένο το αμυντικό του καβούκι, που πάσχιζε τόσα χρόνια ανασφάλειας να χτίσει, και όλο αποφασιστικότητα και πίστη πως υπάρχει κάτι καλύτερο εκεί έξω αγκαλιάζει επιτέλους τη θάλασσα...

Πίστη
Ετοιμολογίες

Αυτό το post είναι για μένα ζωτικής σημασίας, καθώς εδώ και αρκετό καιρό προσπαθώ να διαχωρίσω την πίστη, που είναι για μένα τόσο σημαντική, και την πίστη που απορρίπτει με τόση ετοιμότητα ο γνωστός συνταξιδιώτης... Η απάντηση μου παρουσιάστηκε όταν προσπάθησα να μεταφράσω την λέξη 'πίστη' στα αγγλικά.

'Belief' ή 'faith'; Έψαξα να βρώ διαφορετικές ακριβές μεταφράσεις τους στα ελληνικά για να μπορέσω να χωρίσω τη λέξη πίστη στα δύο, αλλά απέτυχα. Αυτό ήταν το καλύτερο που μπορούσα να βρω[†]:

Faith: εμπιστοσύνη, αξιοπιστία. Αδιάσειστη πίστη σε κάτι χωρίς αποδεικτικά στοιχεία.

Belief: γνώμη, ιδέα, αντίληψη. Αφοσίωση στην αλήθεια μίας δήλωσης ή φύσης των πραγμάτων βασισμένη στην εξέταση των δεδομένων· αποτέλεσμα κριτικής σκέψης.

Το σημαντικό είναι τα δύο να μην συγχαίονται ή να συγχωνεύονται, καθώς είναι μείγμα σίγουρης καταστροφής.

Εάν εξαιρέσουμε εξτρεμιστικές συμπεριφορές στο όνομα της θρησκείας, δεν είναι κακό να έχεις πίστη 'faith', φτάνει να την αναγνωρίζεις για αυτό που είναι: πίστη μη βασισμένη σε κάτι αποδεδειγμένο. Εδώ αναγνωρίζω πως είμαι ακόμη λίγο αφελής αλλά δεν μπορώ ακόμη να διαγράψω τη λέξη 'faith' οριστικά από το λεξικό μου. Συχνά χρειάζεται ως εργαλείο κινητοποίησης ή επιβίωσης, και αναγνωρίζω την ηθικά – εν μέρη – σωστή συμπεριφορά που επιβάλλει στον κοσμάκη, συχνά ως θρησκευτική νομοθεσία. Όσο χαζό και διαστροφικό κι αν ακούγεται αυτό ακόμη και σε μένα... Δεν θα έπρεπε αυτά να έρχονται ως φυσικά στο μυαλό και όχι ως οδηγίες; Εάν βασιζόμασταν τόσο πολύ σε κοινωνικά εγχειρίδια για να μας λένε τι να κάνουμε τότε πού είναι η ουσία; Η βαθύτερη κατανόηση δεν πηγάζει στην αποδοχή από εξωτερικούς παράγοντες αλλά μέσα από την εσωτερική συνειδητοποίηση. Το λυπηρό είναι πως πάντα θα υπάρχουν άνθρωποι που το πρόγραμμα 'ηθική' λείπει από τον επεξεργαστή τους... Μπορούμε να τους βοηθήσουμε να οδηγηθούν στην συνειδητοποίηση; Ή είναι για αυτούς μόνος τρόπος 'πειθαρχίας' οι πολιτικοί ή θρησκευτικοί νόμοι; Γιατί η πολιτική και η θρησκεία είχανε κάποτε ως σκοπό την ηθική διαπαιδαγώγηση, άσχετο εάν έχουν και οι δύο πλέον πέσει θύματα δολιοφθοράς και κερδοσκοπείας. Η άτιμη η δύναμη και το χρήμα... Αισιοδοξώ, και ευελπιστώ πως υπάρχει σωτηρία.

Από την άλλη μεριά είναι πολύ σημαντικό να έχεις πίστη 'belief', προερχόμενη από κριτική σκέψη εφαρμοσμένη σε βάσιμα αποδεικτικά στοιχεία. Τώρα θα μου πείτε η διαφορά παίζεται στο τι ακριβώς περνάει ως κριτική σκέψη και βάσιμα αποδεικτικά στοιχεία, και δυστυχώς πιστεύω πως εδώ βρίσκεται το πρόβλημά μας... Ζητάς απόδειξη, και γυρίζει και σου λέει ο άλλος: «Αφού το γράφει το μεγάλο βιβλίο! Εάν δεν το πιστέψεις και εμπιστευτείς τυφλά θα πας στην κόλαση όπου θα καίγεσαι μία αιωνιότητα.» Ωχ! Την έχουμε πατήσει παιδιά. Με απειλεί ένα βιβλίο... Η θρησκεία επιφυλάσσει αμέτρητες καλές συμβουλές και διδάγματα, αλλά με την προυπόθεση πως έχουμε την κρίση να τα διαχωρίζουμε από τις λοιπές σαχλαμάρες με τις οποίες είναι αναμειγμένες. Οπότε αποδεικνύεται παντελώς αχρείαστη εξ αρχής καθώς έτσι δεν θα χρειαζόμασταν την βοήθειά της για να πέρνουμε φρόνιμες αποφάσεις.

Να είσαι πρόθυμος να παραδεχτείς την προκατάληψη της θέσης σου και τα όρια της γνώσης και ικανοτήτων σου.

Να έχεις το θάρρος να προκαλείς τα δικά σου πιστεύω.

Να λειτουργείς με ενσυναίσθηση, να μπαίνεις στη θέση των άλλων και να μελετάς τις απόψεις τους.

Να είσαι δίκαιος και να αντιμετωπίζεις την κάθε γνώμη με ισότητα.

Δυστυχώς, αρκετοί επιστήμονες και φιλόσοφοι μετά από μία επαναστατική ανακάλυψη ή συνειδητοποίηση, σπαταλούσαν την υπόλοιπη ζωή τους προσπαθώντας να συμβιβάσουν τις νέες τους αντιλήψεις με την θρησκεία τους, θέτοντας έτσι την εξέλιξη της ανθρωπότητας σε δεύτερη μοίρα...

†Πηγή έμπνευσης και ιδεών:
Gordon, Ullyses. 'Faith And Belief...Some Differences'. The Ully-Verse 2011. Web. 26 Mar. 2010

Παρασκευή, 30 Απριλίου 2010

Προϊόντα περιορισμένης αντίληψης
Και μετά;

Η λογική μας περιορίζεται σε όσα γνωρίζουμε.

Οι γνώσεις μας περιορίζονται από τις αισθήσεις μας.

Οι αισθήσεις μας περιορίζονται από την ανάγκη του μυαλού μας να βρίσκει λογική συνοχή σε αυτά που λαμβάνει.

Ο κύκλος που κάθε 'συμβατικό' και 'φρόνιμο' μυαλό ακολουθεί... Μπορούμε να σπάσουμε αυτή τη λογική; Μπορούμε να υπογραμμίσουμε κάποια σημαντικά σημεία;

Η λογική του ανθρώπου, δυστυχώς πέφτει στην παγίδα να διαλέγει τα κομμάτια γνώσης που τη συμφέρουν για να νιώσει καλύτερα· όσο παράλογο κι αν βγαίνει το αποτέλεσμα της επεξεργασίας... Υποσυνείδητα δίνουμε στον εαυτό μας παυσίπονα.

Οι γνώσεις μας δημιουργούνται από επιλεκτικά θραύσματα των αισθήσεών μας, την παράλογη λογική μας και την ανάγκη να νιώσουμε οικειότητα και τεχνητή ζεστασιά. Τα ρίχνουμε όλα σε καλούπια που έχουμε ήδη δημιουργήσει, όσα κενά κι αν αφήνει πίσω του το μάταιο παιχνίδι 'τέτρις' που παίζουμε μέσα στην άρνησή μας.

Η συνείδησή μας ενστικτωδώς ενδίδει στον φόβο πως εάν αφήσει ελεύθερη τη ροή πληροφοριών, θα την εκθρονίσει η παράνοια.

Είμαστε συσκευές περισυλλογής πληροφοριών ή απόρριψης;

Είμαστε θύματα των δικών μας αμυνών;

...και μετά...
...γελώντας ειρωνικά...
...κυριαρχεί η παράνοια...

Παρασκευή, 21 Μαΐου 2010

Σκέψεις του βυθού
Περασμένα... ξεχασμένα;

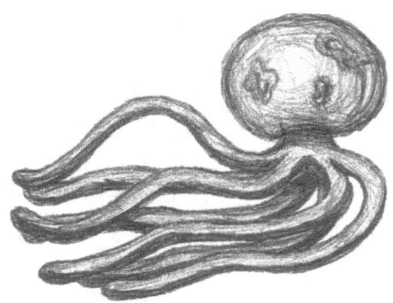

Αωρείσαι σαν μέδουσα μέσα στα θαλάσσια ρεύματα. Κατεύθυνση προτίμησης η επιφάνεια. Φτάνοντας τον πάτο, γνωρίζεις πλέον πώς είναι εκεί κάτω, και ανακτώντας έτσι την αυτοπεποίθησή σου στηρίζεις τα πόδια σου, του δίνεις μια με δύναμη και επιταχύνεις προς το φως.

Σάββατο, 29 Μαΐου 2010

Junk ιδανικά και galleries αφηρημένης σκέψης
Έμπνευση

Γιατί γράφω;

Τι προσπαθώ να καταφέρω; Να βγει κάτι καλό για να το επιδείξω; Να το δουν φίλοι και γνωστοί και να πουν: μπράβο, τι ωραία που γράφεις... Και εγώ τι θα κερδίσω έτσι; Εαν συμφωνείς, συζήτησέ το. Εαν διαφωνείς, φώναξέ το! Θέλω να διαψευθώ. Να προβληματιστώ... Να χαρτογραφηθεί σιγά σιγά μια πιο σφαιρική όψη των πραγμάτων... Πόση παθητικότητα πλέον; Να γοητεύεσαι αλλά να μην κάνεις πλέον καν την προσπάθεια να βάλεις μπρος το βολεμένο στον καναπέ μυαλουδάκι σου, καλοταϊσμένο από έτοιμες ιδεολογίες και ιδανικά τύπου junk, που νομίζεις πως τρως αλλά στ' αλήθεια τρως αέρα κοπανιστό με πολλή κέτσαπ και μαγιονέζα για να κάνει... γεύση. Γιατί όταν πιστεύεις σε κάτι που όλοι οι άλλοι κατακρίνουν ντρέπεσαι να το ομολογήσεις, ενώ όταν έχει φτάσει να γίνει 'της μόδας' το επιδεικνύεις σαν το πιο πολύτιμο κόσμημά σου.

Δεν γράφω εγχειρίδια, βοηθήματα, οδηγούς για ακριβές καταστάσεις με τρόπους αντιμετώπισης. Μην ψάχνεις μικρά αθώα παιδάκια να βγουν από τις σελίδες, να σε πάρουν από το χέρι και να σου δείξουν το δρόμο. Η αλήθεια στέκεται πάντα στα δικά σου παρασκήνια, σ' αυτά που τα συναισθήματα αφυπνούν αλλά εσύ συνήθισες να αγνοείς. Δεν πιέζεται κανείς να προβληματιστεί εάν δεν το επιθυμεί ο ίδιος. Πηγή έπνευσης όμως πάντα υπάρχει για αυτούς που την επιζητούν. Είπαμε, αγγελάκια παντού...

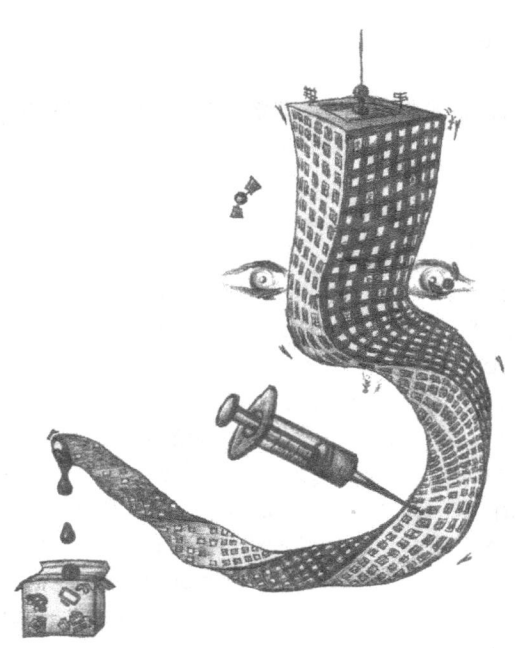

Περιχύνω ψυχή, και μετά την ψαχουλεύω γυρεύοντας κάτι όμορφο και ουσιώδες... Πρώτα γράφω, και μετά διαβάζω. Πρώτα ζωγραφίζω, και μετά στέκομαι πίσω και βλέπω το αποτέλεσμα... Αλήθεια είναι, σπάνια κάποιες φορές, αλλά καλό είναι να μην αποφεύγουμε τους καταλύτες, να μην φοβόμαστε, και να μην 'βαριόμαστε' την αλλαγή.

Γεννιέται έτσι ένα post, το κορνιζάρεις, και το κρεμάς στο ιστολόγιο να το βλέπουν οι περαστικοί. Στέκονται το βλέπουν, λέει ο ένας «μοιάζει με τραίνο», ο άλλος «μια κόκκινη γραμμή είναι βρε παιδιά», και ξάφνου ένα παιδί το βλέπει και λέει «μαμά, μου θύμισε τον Γιώργο που έχασε το σκυλί του... Πάμε να του πάρουμε ένα κουταβάκι να του κρατάει συντροφιά; Να χαρεί λίγο και δεν μπορώ να τον βλέπω λυπημένο.»

Πιστεύω πως συγκεκριμενοποιώντας το περιεχόμενο, χάνεται κατά κάποιο τρόπο η αξία που επιθυμώ να του δώσω. Όχι γιατί έτσι δεν θα ακουγόταν ωραίο και ποιητικό, αλλά γιατί έτσι περιορίζεται και η ικανότητά του να μεταλλαχτεί και να προσαρμοστεί σε άλλα βάζα, κόσμους, πραγματικότητες... Γι' αυτό κυκλοφοράνε τόσα καβούρια, όστρακα, δελφίνια, καλικάντζαροι και μυαλουδάκια μες τα βάζα. Αυτό που επιχειρώ να προσφέρω δεν είναι οδηγίες, αλλά έμπνευση...

Έμπνευση για να μην συμβιβαζόμαστε στην τόσο δελεαστική παθητικότητα, να πασχίζουμε κάθε μέρα να γινόμαστε καλύτεροι, να μαγειρεύουμε επιτέλους τις δικές μας ιδεολογίες, τα δικά μας κίνητρα για τη ζωή...

Τετάρτη, 2 Ιουνίου 2010

Μην τον ακούς, είναι τρελός!
Κλουβιά

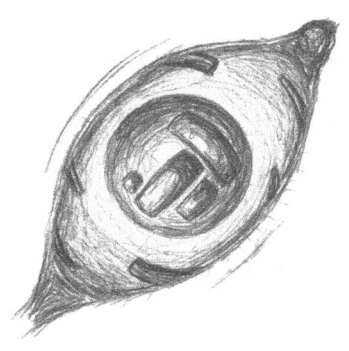

Ποιος είναι τρελός και ποιος όχι;
Ακόμα πιο σημαντικό:
Ποιος είναι αρμόδιος να κρίνει;
Μέτρο σύγκρισης;

Ο φόβος για το άγνωστο μας οδήγησε να ονομάζουμε το κάθε τι, να το συγκεκριμενοποιούμε, να το απολυτοποιούμε για να καταφέρουμε να το κλείσουμε σε κλουβί...

Γέμισαν τα βιβλία της βιολογίας με παθήσεις, τα βιβλία ψυχολογίας με σύνδρομα. Κι εμείς ανύμποροι να συνειδητοποιήσουμε πως οι λέξεις είναι δικό μας προϊόν και υπάρχουν για δική μας εξυπηρέτηση και όχι το αντίθετο, τα πιστεύουμε και τείνουμε να κατηγοριοποιούμε τον κοσμάκη, να τον στιγματίζουμε, να τον μειώνουμε...

Αφού είναι της μόδας, θα το κάνω και εγώ: Βλέπεις έναν άνθρωπο και τον λες τρελό, παρανοϊκό. Να το ονομάσω;

«Σύνδρομο αυξημένης ανθρώπινης μαλακίας και έλλειψης ενσυναίσθησης»

...Αφιερωμένο σε όλους τους
παρανοϊκούς μου φίλους

Κυριακή, 20 Ιουνίου 2010

Υφαίνοντας ιστούς
Μοναξιά

Κάθομαι που λέτε τη νύχτα σε μια παραλία, και πετιέται από ένα μπουκάλι κρασί ένα καλικαντζαράκι, ένας μικρός ταξιδιώτης, αρπάζει την κιθάρα και αρχίζει να τρυπιέται μπας και βγει έξω αυτό που τον βασανίζει και λυτρωθεί...

Τρέχει ένα δάκρυ, το συμμαζεύει με ευλάβεια και το χύνει σε όστρακο για να γίνει με τον καιρό μαργαριτάρι. Γυρίζει τότε με παράπονο και αναστενάζει...

«Καταβάθος, είμαστε όλοι μόνοι...»

Κοίταξε γύρω σου προσεχτικά, και μακάρι με τον καιρό να συνειδητοποιήσεις πόσα άλλα καλικαντζαράκια στέκονται στο πλευρό σου, έτοιμα να σε βοηθήσουν όταν τα χρειάζεσαι. Το μόνο που θέλουν είναι να τους ανοίξεις το καβούκι σου, να τους πεις: κοπιάστε να χαρείτε, χρειάζομαι σωσίβιο...

Και βιώνοντάς το ο ίδιος, θα καταλάβεις πως δεν είσαι ούτε μόνος, ούτε ο μόνος. Πως πού και πού το φως που εσύ τόσο πολύ χρειαζόσουν το ζητούσαν και οι δικές σου πυγολαμπίδες αλλά εσύ δεν έφεγγες.

Μπορεί να είναι πλέον αργά εάν περιμένεις να ακούσεις: «Θα σου φέγγω, αλλά φέγγε μου και 'συ γιατί φοβάμαι μη χαθώ.»

Ή: «Θα σου 'φεγγα αλλά δεν μου 'φεγγες και σ' έχασα»

Εκεί πηγάζει η αληθινή σοφία; Όταν πλέον το 'εγώ' διαλύεται μέσα στο 'εσύ';

Το ψάξιμο συνεχίζεται...

Είμαστε μόνοι;

Ίσως ναι, από την άποψη πως χωριζόμαστε σε οντότητες η κάθε μια με τη δική της ξεχωριστή μηχανή επιβίωσης. Είμαστε όμως εις βάθος τόσο ανεξάρτητοι και αποσυνδεδεμένοι;

Υφαίνουμε όλοι το δικό μας ιστό. Αναπόφευτα όμως, οι ιστοί μας περιπλέκονται. Όσο πιο δυνατός ο δεσμός, τόσο πιο χοντρό το νήμα που μας συνδέει. Με τον καιρό κάποιοι δεσμοί θα αδυνατίσουν και θα ακρωτηριαστούν, αφήνοντας χώρο για καινούριους. Άλλοι αντιθέτως είναι τόσο βαθιά χαραγμένοι που θες δε θες δεν μπορείς να τους ξεφορτωθείς.

Είναι τέτοια η φύση του νήματος όμως, που μέσα από αυτό μεταδίδουμε συνειδητά ή ασυνείδητα ο ένας στον άλλο ενέργεια, θρέφοντας και δυναμώνοντάς το. Και όσο πληθαίνουν, τόσο αυξάνεται και η συχνότητα στην οποία πάλλεται ο ιστός.

Πίσω στο θέμα. Προερχόμαστε όλοι από την ίδια πηγή, την ίδια μαγευτική ενέργεια που δονείται γύρω μας αλλά εμείς συνήθως αγνοούμε. Δεν παύει όμως να είναι εκεί. Ο καθένας μας είναι διαφορετική προσωποποίηση της ίδιας αυτής ενέργειας, οργανισμός με μείγμα ανεξάρτητων μηχανισμών που ανέπτυξε την αίσθηση συγκρότησης και αυτοσκοπού, ατομικότητας και αυτοσυνείδησης, βοηθημένος από την εξέλιξη γιατί απλά προωθούσε έτσι την επιβίωσή του.

Εάν το δοχείο που μας χωρίζει είναι νοηματικό και όχι φυσικό, είναι δηλαδή οι εμπειρίες και - εν μέρει ως αποτέλεσμα - ο τρόπος σκέψης μας, γιατί όλη αυτή η πυρετώδης ανταλλαγή πληροφοριών που καταβάθως μας δίνουν την ταυτότητα μας; Γιατί πασχίζουμε τόσο πολύ να μοιράσουμε, να απορροφήσουμε και να κατανοήσουμε τα πάντα; Ίσως έτσι ώστε να φτάσουμε κάποτε τόσο κοντά στην πηγή, που να μπορέσουμε να σκύψουμε μέσα και να δούμε στην αντανάκλασή μας ολόκληρο το σύμπαν· το κάθε τι που το αποτελεί, και να φτάσουμε εντέλει στην απόλυτη ταυτοποίηση, την απόλυτη - όπως λένε κάποιοι - nirvana...

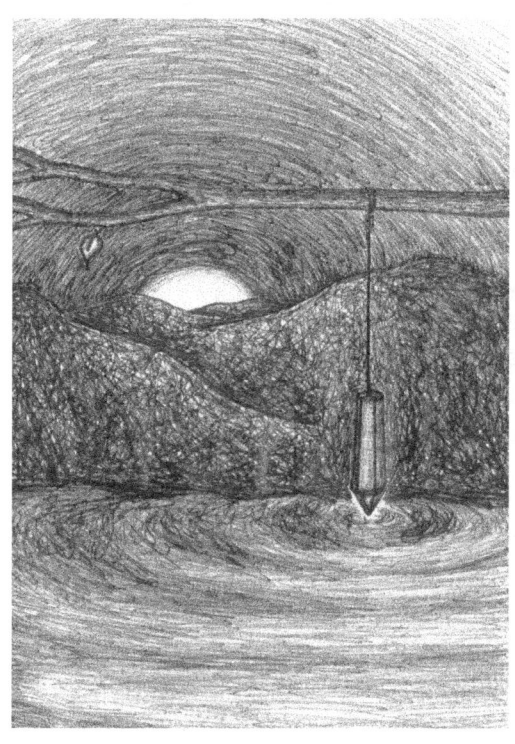

Δευτέρα, 2 Αυγούστου 2010

Γύρω γύρω όλοι
Επιτόπιο τροχάδι

Τι λατρεύουμε να κάνουμε:

Η ανάγκη σε κάθε στιγμή της ζωής μας να υπάρχει κάτι το οποίο να προσδοκούμε, για να μπαλώνουμε τα κενά του χρόνου περιμένοντας, αγχώνοντας, μοιρολατρώντας, ανυπομονώντας, ανάλογα με το αν είναι θετικό ή αρνητικό απλά για να φύγει το συναίσθημα πως αυτή τη στιγμή θα μπορούσα να κάνω ένα εκατομμύριο πράγματα αλλά εγώ κάθομαι στον καναπέ, ξαπλώνω στο κρεβάτι, στην καρέκλα του γραφείου, και σερφάρω το ίντερνετ χωρίς κάποιο απώτερο σκοπό, ελέγχω τις 'εξελίξεις' στο Facebook, βλέπω δημοφιλή βιντεάκια στο Youtube, ή απλά παρακολουθώ τηλεόραση...

Όταν επιτέλους φτάνει το σημείο αυτό το οποίο περιμέναμε με τόσο πάθος, εις άρνηση το καθυστερούμε όσο πιο πολύ μπορούμε, γιατί σκέψου πως θα ήμασταν εάν επιτέλους το ζούσαμε, και σβηνόταν από τα πράγματα που έχουμε να προσδοκούμε; Η ζωή μας θα έμενε ορφανή, χωρίς κάποιο απώτερο σκοπό. Και θέλει πολύ περισσότερη προσπάθεια και κουράγιο να βρεις λόγο για να πασχίζεις όταν δεν πας να ψωνίσεις έναν από κάποιο γνωστό περιοδικό, μία εκπομπή, μια περαστική ιδέα που έγινε της μόδας γιατί είναι σχετικά εύκολη και δεν κατακρίνεται γιατί την ακολουθούν όλοι...

Έχω μια όμορφη λιστούλα, στο μυαλό μου, στον υπολογιστή μου, πάνω στο ψυγείο, με όλα τα πράγματα που εκκρεμούν και πρέπει να τακτοποιήσω. Μ' αρέσει να τη βλέπω, να τη σκέφτομαι, να την ανακατεύω, να τη μεγαλώνω, να την παίρνω βόλτα στο πάρκο, στην παραλία. Κάτι μου ψιθυρίζει συνεχώς πως όλο αυτό το στρες που με κατέχει ώρες ώρες είναι επειδή έχω μάθει κάθε νύχτα να κοιμάμαι μαζί της, αλλά εμένα μ' αρέσει, το έχω συνηθίσει. Οπότε όταν μου το επισημαίνουν εγώ θυμώνω, αλλάζω θέμα, και συνεχίζω να το κάνω χωρίς να έχω τύψεις...

Δευτέρα, 23 Αυγούστου 2010

Χαρτάκια στα μπισκότα μου
Μεγάλες προτάσεις

Το ένστικτό μας μας λέει: κρίνε τον άλλο. Προσπάθησε να ευθυμίσεις, να ευτυχίσεις.

Απλές οδηγίες για να το επιτύχεις; Κάνε ακριβώς το αντίθετο: κρίνε τον εαυτό σου. Κάνε τον άλλο να ευθυμίσει. Η ευχαρίστηση είναι πολύ ανώτερη, και επικίνδυνα μεταδοτική.

Πρέπει να βρεθούμε στο κρεβάτι με τη βοηθό να μας ξεσκατίζει για να συνειδητοποιήσουμε πως μιας και είχαμε το προνόμιο να ζήσουμε, το καλύτερο που μπορούσαμε να κάνουμε για να άξιζε ο χρόνος μας εδώ ήταν να γελάμε κάθε μέρα με τους φίλους μας· να δίναμε σε άλλους λίγα που για αυτούς σήμαιναν πολλά, να μέναμε σε ψηλή συχνότητα και να τη μεταδίδαμε στους γύρω μας, να κάναμε ό,τι μαλακία μας καπνίσει χωρίς να αγχωνόμαστε για το τι θα πει ο κόσμος. Μανιωδώς σπαταλάμε το χρόνο μας δημιουργώντας ψεύτικες εικόνες και επενδύοντας τα πάντα – συχνά εις βάρος άλλων – χτίζοντας περιουσίες τις οποίες δεν σκοπεύουμε να μοιράσουμε ή έστω να μοιραστούμε ποτέ.

Υ.Γ: Φιλιά στον κύριο Miyagi και στα fortune cookies που με ενέπνευσαν προχθές.

Κυριακή, 5 Σεπτεμβρίου 2010

Περίεργα πράματα
Κόμποι και ανακαλωδιώσεις

Εκεί που πιστεύεις πως έχεις ξεδιαλύνει κάπως τον κόμπο που λέγεται ζωή, πως έχεις βρει τέλος πάντων μία γενική κατεύθυνση, ΦΛΟΥΠ! Ξαναπροσδιόρισε τις πιο βασικές σου αρχές, ολική αναδιοργάνωση.

Δεν μπορείς να κάτσεις, να ηρεμήσεις, να πλήξεις...

Μόνο μην γκρινιάζεις, γι' αυτά ζούμε. Για να απολαμβάνουμε να επιχειρούμε να λύσουμε αυτό το μεγάλο γρύφο, αυτή τη σπαζοκεφαλιά, την ύπαρξή μας.

Τετάρτη, 3 Νοεμβρίου 2010

Πατρίδες για όλα τα γούστα
Μούσες

Έμπνευση

Κάθομαι και δακτυλογραφώ στο καινούριο laptop το οποίο είχα την πολυτέλεια να μπορεί να μου αγοράσει ο πατέρας μου...

Στα αριστερά μου η μολυβοθήκη γεμάτη με μολύβια τα οποία σκοπεύω να εξαλείψω λύοντας προβλήματα στη φυσική και στα μαθηματικά τα επόμενα 4 χρόνια. Μου θυμίζει το πόσο τυχερός είμαι που μπορώ να έχω εκπαίδευση που κάποιοι επιθυμούν αλλά δεν θα αποκτήσουν ποτέ ... ίσως γιατί έτσι το έφεραν οι περιστάσεις ... ίσως γιατί η ζήλια των άλλων ή η αγαπημένη μας κοινωνία καλλιέργησε μέσα τους την ηττοπάθεια... Όπως και να 'χει...

Δίπλα από τη μολυβοθήκη το ρολόι που μου έχει αγοράσει ως αποχαιρετιστήριο δώρο ένας φίλος μου πριν να αποχωριστούμε το καλοκαίρι. Μου θυμίζει την τελευταία νύχτα που περάσαμε μαζί με τα παιδιά, και το πόσο απρόθυμοι ήμασταν όλοι να πούμε το τελευταίο αντίο...

Ακούω μουσική μέσα από ακουστικά για να μην ενοχλώ το συγκάτοικό μου. Μου θυμίζει πόσο τυχερός είμαι που είναι φυσιολογικός. Για μένα δεν ξέρω, δεν τον ρώτησα ποτέ.

Η μουσική που ακούω είναι φρέσκια φρέσκια από το διαδίκτυο. Μου την έχει στείλει μια φίλη μου απ' την άλλη πλευρά του κόσμου. Τελικά η μουσική αποκτάει μεγάλη σημασία όταν την συνδέεις με άτομα, τοποθεσίες, αναμνήσεις... Μου θυμίζει πως οι πατρίδες μου είναι εξαπλωμένες σε όλο τον κόσμο.

Ο ιστός μου μεγάλος, και αντλώ ενέργεια από παντού.

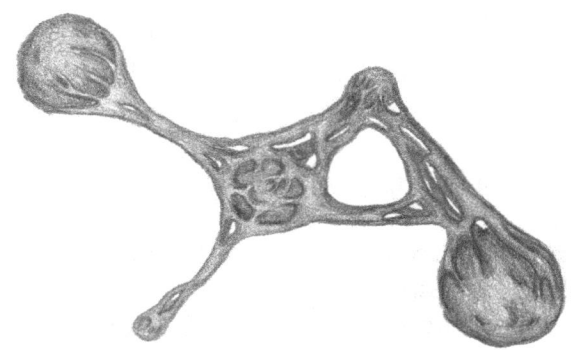

Πατρίδα είναι εκεί όπου θα μπορείς πάντα να επιστρέψεις... Εκεί όπου θα είσαι πάντα ευπρόσδεκτος και επιθυμητός... Η κατεύθυνση από την οποία θα αισθάνεσαι πάντα μια αμυδρή έλξη.

Συνηθίζουν να συνδέουν τη λέξη 'πατρίδα' με την τοποθεσία στην οποία έχουν γεννηθεί. Ίσως γιατί δεν έχουν βρει κάτι ανώτερο, ή το έχουν βρει αλλά δεν το έχουν συνειδητοποιήσει... Άλλοι αποκαλούν πατρίδα το χρόνο. Για κάποιους είναι η τρομαχτική ή κολακευτική αλήθεια. Για άλλους είναι μια ιδέα που τους γοήτευσε και είπαν να την ψωνίσουν, πιθανώς από κάποιο γνωστό τραγούδι, γιατί δυστυχώς έχουν χαθεί, ή γιατί δεν τους εκπαίδευσαν ποτέ να παράγουν δικές τους ιδεολογίες...

Πίσω στο θέμα. Για μένα πατρίδες είναι όλα τα άτομα τα οποία πληρούν τις πιο πάνω προϋποθέσεις. Απ' αυτά αντλώ έμπνευση... Μούσες.

Πατρίδες αμέτρητες...

Άλλοι ανήκουν κάπου, άλλοι ανήκουν παντού...

Ακόμη αναρωτιέμαι γιατί όταν τους έλεγα «θέλω να σπουδάσω στη ξενιτιά» μου απαντούσαν «πού θα πας μωρέ, είναι πολύ μακριά». Το έχω υπόψη μου μην ανησυχείτε. Δεν τρέχω από κάτι. Απλά θέλω να γνωρίσω άλλους κόσμους, για να προκληθεί η πραγματικότητά μου... να διευρυνθεί η αντίληψή μου.

Μου κάνει εντύπωση το πως έχει σταματήσει πλέον ο κόσμος να φαίνεται μεγάλος...

...δεν σας ξεχνώ
...στις πατρίδες μου σε όλο τον κόσμο

Κυριακή, 14 Νοεμβρίου 2010

Εξαργυρώνοντας αναμνήσεις
Η αξία μιας στιγμής

Ευτυχία

Τι εστί ευτυχία;

Να έχεις τόσες πολλές όμορφες αναμνήσεις, ή τόσο δυνατές, που να μπορείς ανά πάσα στιγμή αναπολώντας τις να έρθεις σε ευφορία.

Το πιο σημαντικό επίτευγμα όταν φτάσουμε στην τελευταία σελίδα της δικής μας ιστορίας;

Το συναίσθημα πως δεν θα άλλαζες τη ζωή που έζησες για καμία άλλη, γιατί ήταν απλά τέλεια. Όχι τέλεια για άλλους, μια ζωή που πολλοί επιθυμούν... Μια που και να 'θελες να περιγράψεις πόσο υπέροχη ήταν, να μην βρίσκεις λόγια, και να σε συνεπαίρνει μία απέραντη συγκίνηση.

Κάθομαι και σκέφτομαι τι θα έπρεπε να ψάχνω.

Τι θα 'πρεπε να αναζητώ;

Ανοίγω όστρακα, και βλέπω παντού μαργαριτάρια... Όλα τα απόκρυφα πλάσματα που άλλοι αγνοούν ή δεν έχουν ιδέα πως υπάρχουν, χορεύουν ξέφρενα στις σκιές του δωματίου, στις γωνιές των ματιών μου. Δεν ζητούν να τα ψάξω, να τα κατανοήσω, αλλά να σηκωθώ, να σηκώσω τα χέρια ψηλά και να χορέψω μαζί τους...

Αναμνήσεις

Θυμάμαι έντονα μια στιγμή βαθιά στο παρελθόν. Όχι τι έγινε ακριβώς, αλλά το ακαταμάχητο συναίσθημα πως με περιτριγυρίζουν μούσες, και δεν μπορώ παρά να δοθώ στη ροή του παρόντος και να την απολαύσω...

Κάποιοι βγάζουν φωτογραφίες και τις μοιράζονται μεταξύ τους, για να τις βλέπουν και να ξυπνάει μέσα τους αυτό το υπέροχο συναίσθημα. Σ' άλλους πάλι δεν αρέσουν οι φωτογραφίες. Πιστεύουν πως εάν κάτι είναι τόσο σημαντικό, θα αποδείξει την αξία του με το να μην ξεθωριάσει με το πέρασμα του χρόνου. Ίσως νιώθουν πως με το να το μοιραστούν θα χάσει την αξία του ως κάτι μεταξύ λίγων και εκλεκτών...

Ανοίγω ένα βιβλίο που έχει ταξιδέψει μαζί μου από μία προηγούμενη ζωή. Η μυρωδιά του μου φέρνει στο νου εικόνες και συναισθήματα από τότε, και αναζωπυρώνεται μία γνώριμη και αναπαυτική ζεστασιά...

         ...ευτυχώς εσένα και να 'θελα
         δε θα μπορούσα να σε ξεφορτωθώ

Σάββατο, 27 Νοεμβρίου 2010

Διαλέγοντας στρατόπεδα
Αιώνια παλέτα

Τι ωραία που θα ήταν εάν όλα ήταν ασπρόμαυρα.

Τι σου αρέσει; Το μαύρο.
Τι δεν σου αρέσει; Το άσπρο.

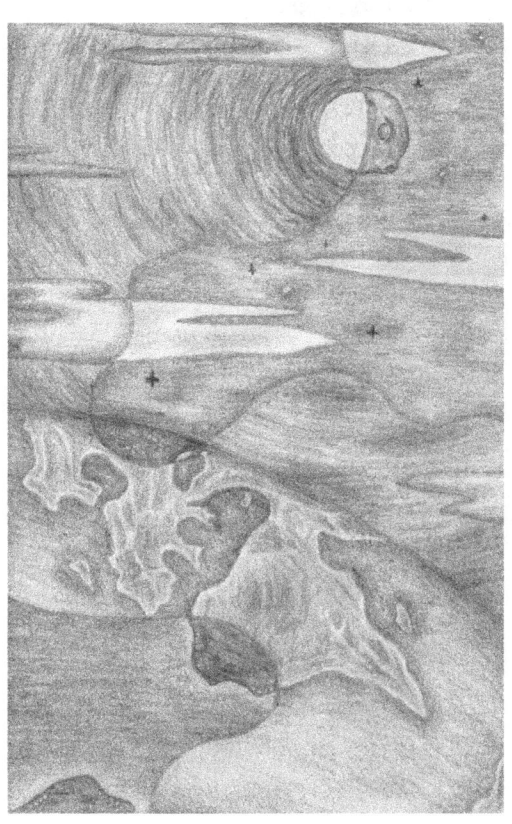

Απλές ερωτήσεις, κι όμως άκρως ενημερωτικές και κατατοπιστικές. Απλοποιούν με ένα πέρασμα όλο τον κόσμο. Τον κάνουν τόσο απλό, τόσο κατανοητό, τόσο οικείο... Διαλέγω μια μεριά, παίρνω μαζί της και όλα τα πιστεύω που την ακολουθούν, τοποθετούμαι ενάντια στο αντίπαλο στρατόπεδο, και ανοίγω πυρά.

Η παγίδα;

Καθώς τα πιστεύω που φέρει μαζί της η κάθε μεριά είναι έτοιμα πακέτα, η απλή λογική μας ψιθυρίζει πως δεν είναι τα δικά μας πιστεύω. Είναι μια αμυδρή φωνούλα στο πίσω μέρος στο κούφιο μυαλουδάκι μας, η οποία μας κάνει να νοιώθουμε κάπως άβολα. Εκπαιδεύουμε έτσι τον ευκολόπιστο εαυτό μας να μην της δίνει σημασία.

Ανθρώπινη ανάγκη είναι να τα κάνουμε όλα ασπρόμαυρα. Έτσι μπορούμε εύκολα να παίρνουμε αποφάσεις, να μην έχουμε τύψεις, να νιώθουμε πως ανήκουμε κάπου. Η ζωή όλη γίνεται πιο απλή, πιο ρόδινη.

Πόσο αστείο είναι όταν αποδέχεσαι πλέων πως υπάρχουν κι άλλα χρώματα, και εναντιώνεσαι έτσι στα ασπρόμαυρα; Όπως είναι εύκολη λύση να διαλέγεις το μαύρο ή το άσπρο, τόσο εύκολη είναι και να διαλέγεις το μπλε, το κόκκινο ή το κίτρινο.

Κάποιοι το βρίσκουν πιο ευεργετικό να διαλέγουν το δικό τους χρώμα, ή να μην διαλέγουν καν μεριά, αλλά αντίπαλο.

Δεν έχω κάποια προτίμηση, αλλά είμαι παθιασμένα ενάντια στο μπλε. Έχω κάποιο στόχο για τα πυρά μου. Μου δίνει λόγο για να ζω. Κάτι για να πασχίζω.

Σιγουρεύομαι πως ο στόχος αυτός θα είναι εκεί για κάποιο χρονικό διάστημα, για να μην ανησυχώ πως θα πρέπει σύντομα να ψάξω για νέο. Και έτσι ειρωνικά δημιουργώ δική μου απόχρωση και την υπερασπίζω.

Όσο πιο πολύ υπερασπίζω αυτή την ιδέα – παρόλο που δεν την πιστεύω ολοκληρωτικά – ενσωματώνεται στην ταυτότητά μου, γίνεται ένα με το 'είναι' μου και αντί να την ελέγχω εγώ, με πασπαλίζει αυτή με τα χρώματά της. Σιγά σιγά, χάνω τον εαυτό μου...

Διέξοδος;

Να έχεις πάντα το χρώμα στην παλέτα σου. Μην δέχεσαι έτοιμα χρώματα. Το σχέδιο άλλωστε είναι δικό σου. Εσένα πρέπει να αντικατοπτρίζει. Μην το βάζεις ποτέ οριστικά στον καμβά σου, γιατί έτσι λες πως δεν πρόκειται να αλλάξεις, να εξελιχθείς από 'δω και πέρα. Να τοποθετείσαι, αλλά όταν κάτι σε κάνει να αμφιβάλλεις, να μην φοβάσαι να ρίξεις μέσα ασυνήθιστα χρώματα και να κάνεις νέες, προσωπικές αποχρώσεις.

Αντικειμενικός σκοπός δεν είναι να βρεις ένα οριστικό χρώμα, αλλά να αποδεχθείς πως η αλήθεια είναι μια σειρά αποχρώσεων, η οποία αλλάζει ανάλογα με την περίσταση...

Σάββατο, 25 Δεκεμβρίου 2010

Σύμβολα
Υπάρχουν αλήθειες κι αλήθειες

Μία εικόνα ίσον χίλιες λέξεις;

...

Κάποιες φορές.

Και πάλι όμως υπάρχουν κάποιες εικόνες που όσο και να θες δεν μπορείς να τις περιγράψεις με λόγια... Και είναι και κάποιες λέξεις που είναι τόσο ψηλά στην ιεραρχία του συμβολισμού που μία εικόνα δεν μπορεί να τις επιδείξει.

Ποιο έρχεται πρώτα;

Χρονολογικά οι εικόνες. Θα ήταν λογικό τότε τα αρχεία στο μηχανισμό απομνημόνευσης αναμνήσεών μας να έχουν extension '.jpeg' ή '.bmp'. Ίσως όμως όταν να μας δόθηκε το δώρο του λόγου, να αναπτύξαμε την ικανότητα να συμπιέζουμε αναμνήσεις τύπου εικόνας σε αναμνήσεις τύπου λέξεων, ορολογιών, σε συντομία ας πούμε '.txt'... Όχι αναγκαστικά όλες, αλλά αυτές που είναι εύκολα μεταφραζόμενες και παίρνουν έτσι λιγότερη μνήμη.

Εάν αυτό είναι αλήθεια, τι γίνεται με τα κομμάτια αναμνήσεων που δεν μπορούν να τα αντιπροσωπεύσουν εικόνες ή λέξεις;

Υπάρχει ακόμη ένας τύπος αρχείων που πολλοί αγνοούν: ο τύπος συναισθημάτων, ή για συντόμευση '.emo'.

Πόσες φορές έχετε μοιραστεί μια ιστορία, ένα ανέκδοτο, μία ανάμνηση, ένα νέο, μία εικόνα, μια ζωγραφιά, αλλά παρόλες τις προσπάθειές σας, νοιώσατε πως η επικοινωνία δεν ήταν πλήρες; Σαφώς οι ακροατές έχουν συλλάβει την πληροφορία που τους προσφέρατε, αλλά πάλι δεν νοιώσατε την ικανοποίηση που περιμένατε.

Ποιο είναι το πρόβλημα;

Αυτό που θέλατε να μοιραστείτε ήταν το συναίσθημα που έχετε συνδέσει με την λεγάμενη πληροφορία, κάτι που έχει περισσότερο να κάνει με τον τρόπο επεξεργασίας της και όχι με την ίδια την πληροφορία.

Ίσως γι' αυτό να πασχίζουμε όλη μας τη ζωή να βρούμε άτομα με παρόμοιους επεξεργαστές. Μόνο έτσι μπορούμε να μοιραζόμαστε άθικτες τις εμπειρίες χωρίς να αφήνουμε πίσω το κομμάτι '.emo'.

Σαν παλιώσει μια ανάμνηση, το μέρος που συνήθως σβήνει τελευταίο είναι το συναίσθημα. Ίσως αυτός να είναι και ο λόγος που οι φωτογραφίες είναι τόσο ψηλά στην εκτίμησή μας. Όπως κάποιοι δεν είναι καλοί στο να φυλάνε εικονικά ή λεκτικά αρχεία, για κάποιους σβήνουν γρήγορα τα αρχεία συναισθημάτων. Άλλοι πάλι δεν μπορούν εύκολα να μετατρέψουν τέτοια αρχεία σε λόγο και εικόνες για να τα μεταδώσουν, οπότε οι φωτογραφίες και τα βίντεο είναι και γι' αυτούς πολύτιμα και άκρως βοηθητικά.

Το μόνο που πρέπει να προσέχουμε είναι να μην τα χρησιμοποιούμε για να χτίζουμε βιτρίνες, και να χάνουμε ανεπανάληπτες και ανεκτίμητες στιγμές στη διαδικασία.

Λέω μία ιστορία, την ξαναλέω, την αλλάζω λίγο, και την ξαναλέω... Κάθε επανάληψη είναι και μια αλήθεια, γιατί αυτό που θέλω να διαδώσω κρύβεται καθαρά στο συναίσθημα της στιγμής. Θα σταματήσω τότε να την αλλάζω μόνο όταν ο ακροατής δείξει πως ένοιωσε αυτό που ένοιωσα...

Να μια σειρά καθαρά αληθινών εμπειριών:

...

Σκοτάδι.

Με διακατέχει μια ακαθόριστη ανυπομονησία. Περιμένω να προσαρμοστεί η όρασή μου για να καταλάβω πού βρίσκομαι.

Σιγά σιγά ξεδιαλύνω τις μαύρες φιγούρες δέντρων στο μουντό φόντο. Αρχίζω να βγάζω κάποιο νόημα. Πρέπει να είμαι σε δάσος. Είμαι σίγουρος πως μου επιφυλάσσει πολλές εκπλήξεις.

Μπροστά μου ένα μονοπάτι, ένας σκοπός, μία κατεύθυνση. Αποφασίζω να το ακολουθήσω κι ό,τι βγει. Τι έχω να χάσω;

Αρχίζω να περπατάω αλλά κάτι δε μου φαίνεται σωστό. Κοιτάζω κάτω. Κοιτάζω δεξιά και αριστερά. Χέρια, πόδια, σώμα, άφαντα.

Πρέπει να ονειρεύομαι. Συνεχίζω έτσι την πρόοδό μου άφοβα. Μπροστά μου εμφανίζεται ένα ξέφωτο. Βγαίνω στην αποκαλυπτική λάμψη του φεγγαριού.

Ξαφνικά όλα γύρω μου παίρνουν χρώμα και μορφή.

Με διακατέχει μία ζεστασιά που θυμίζει κάτι από ανάμνηση. Περιεργάζομαι οπτικά το ξέφωτο.

Κάτι μου κρύβει το δάσος. Προσπαθώ να βγάλω νόημα, να χωνέψω τη νέα πραγματικότητα.

Τα φαινόμενα ξαφνικά αλλάζουν σαν πίνακας ζωγραφικής. Οι μπογιές λιώνουν, αναμιγνύονται. Ψάχνω να βρω τι άλλαξε και τι όχι. Πάγιες αλήθειες σμίγονται με νέα χρώματα και σχήματα.

Μικρά παλλόμενα φωτάκια, όμορφες πυγολαμπίδες, ξεπετιούνται από παντού.

Κάποιες είναι νέες. Τις νιώθω να γεννιούνται από τις σκιές. Μου ψιθυρίζουν καλωσόρισες...

Άλλες πάλι πετιούνται απ' τις παλιές τους κρυψώνες. Μου θυμίζουν πως έχω πατρίδες πολλές. Πως κάποια νήματα είναι αιώνια. Πως βάζα πολλά αλλά τίποτα δεν μας χωρίζει...

Δεν πρόκειται να χαθώ, γιατί θα είναι πάντα εκεί να μου φέγγουν το δρόμο...

Ξαναβουτάω μέσα στην άγρια βλάστηση, ανοίγοντας νέα μονοπάτια, αναζητώντας νέες εκπλήξεις...

Παρασκευή, 28 Ιανουαρίου 2011

Παίζοντας στο κουτί με την άμμο
Σειρήνες

Η ζωή είναι τόσο περίεργη...

Μια σου δίνει σημασία, μια σε αγνοεί παντελώς...

Ώρες ώρες κάθεσαι στο κουτί με την άμμο κρατώντας ένα κομμάτι ξύλο, κάνεις διάφορα σχέδια, μοτίβα, και μέσα από το πουθενά ξαφνικά εμφανίζεται κάτι με νόημα. Κάτι όμορφο... κάτι...

Το κοιτάς, το ξανακοιτάς, και προσπαθείς να πείσεις τον εαυτό σου πως δημιουργήθηκε εντελώς τυχαία. Αυτά τα αγγελάκια, οι μούσες, παίζουν με το μυαλό σου. Είναι πολύ εύκολο να τα χάσεις, να αφεθείς στη ροή, να ενδώσεις... Αλλά ξέρεις πως αν το κάνεις, οι σειρήνες θα σε φάνε, δεν υπάρχει επιστροφή. Ή υπάρχει;

Όσα περισσότερα καταλαβαίνεις, τόσο πιο τρωτός είσαι στις αμυδρές συμπτώσεις του σύμπαντος, οι οποίες εάν και τρομερά απίθανες, μέσα μέσα ξεπετιούνται και προσπαθούν να σε παρασύρουν... Είναι δελεαστικές, μεθυστικές, γοητευτικές, σαγηνευτικές...

Κάθεσαι στο κουτί με την άμμο αποσβολωμένος... Κάτι εξέχει στην άμμο. Αρχίζεις να σκάβεις γρήγορα γύρω γύρω για να ξεθάψεις το θησαυρό σου. Ένα σεντούκι. Είναι κλειδωμένο, αλλά δεν έχει κλειδαρότρυπα.

Ψάχνεις βαθιά μέσα σου, αναζητάς κάποιο στοιχείο, κάποια βοήθεια για να λύσεις το γρίφο. Γύρω σου φώτα, σκιές, περίεργες διαταράξεις του συνειδητού και υποσυνείδητου... Μια νέα μούσα εμφανίζεται και κινείται αργά προς το σεντούκι. Το αγγίζει απαλά, και αυτό αρχίζει να λάμπει, να αιωρείται, και ανοίγει σιγά σιγά...

Φτερά σκιάζουν την όρασή σου. Περίεργα συναισθήματα σε συνεπαίρνουν, και όταν ξανανοίγεις τα μάτια σου πυγολαμπίδες εμφανίζονται από το πουθενά... Όστρακα ανοίγουν και σου προσφέρουν μαργαριτάρια.

Σκύβεις σιγά σιγά και ελέγχεις το περιεχόμενο. Τόσα πολλά, τόσο λίγα και απλά, παντοτινές αλήθειες σταματάνε να ξεγλιστράνε και σε τραβάνε κάτω...

Νιώθοντας πως το σκάψιμο είναι αιώνιο, ξεχνάς τις άμυνές σου, και μαγεμένος αφήνεσαι στις σειρήνες...

Η άμμος, ο πολυζηλεμένος σου εαυτός, πλέων σε εμπιστεύεται και σου δίνει ό,τι θες...

Πέφτεις άφοβα στο άγνωστο, και το αίσθημα της βαρύτητας σε αφήνει για πάντα...

Τετάρτη, 8 Φεβρουαρίου 2012

Μικροί κλόουν
Μια ζωή σε μια στιγμή

Νέα λόγια, νέες λέξεις, νέες σκέψεις...

Νέες πλοκές, νέες φωνές, νέες στιγμές...

Εξελίξεις, μην μιλήσεις, αναμνήσεις...

Όχι στην παθητικότητα, και στο φόβο της κοινωνικής κριτικής...

Είμαι ένας μικρός κλόουν.

Χτίζω ένα μικρό χάρτινο κουτί και κάθομαι μέσα. Σκύβω προσπαθώντας να κρυφτώ, και βάζω στόχο να καταφέρω να κλείσω το καπάκι. Όχι για κάποιο ιδιαίτερο λόγο, απλά για να νιώθω πως έχω μία αποστολή. Και άμα πάω να τα καταφέρω, διστάζω, φοβάμαι.

Δε θέλω την αλλαγή. Φτιάχνω μια μικρή, χάρτινη ζωή, και προσπαθώ να την κλείσω, να τελειοποιήσω την οφθαλμαπάτη, για να φαίνεται απέξω κάτι ενδιαφέρων, κάτι περίεργο, κάτι προκλητικό.

Δε θέλω την αλλαγή, δε θέλω κάποιος να πατήσει το κουμπί και να εισέλθει, να ανακαλύψει την πραγματικότητα. Κι όμως, κάποιος έρχεται, και πιέζει το μικροσκοπικό κουμπάκι που πασχίζω να προστατέψω. Ξαφνικά, όλη μου η ζωή, η οποία εύκολα χώρεσε σε ένα μικρό κουτί, ξεπετιέται, και μαγεύονται όλοι σαν μικρά παιδιά, μέχρι που συνειδητοποιούν πως αυτό ήταν όλο, και χάνεται το ενδιαφέρον· γυρίζουν την πλάτη, και ψάχνουν κάτι πιο βαθύ...

Η ζωή βασίζεται στη ροή, στην αλλαγή. Αντιστέκοντας στην αλλαγή, αρνιέσαι να ζήσεις.

Ζήσε...

Τελευταία λόγια
Ευχές κι αντίο

Από πλευράς μηδενισμού, όλα είναι ανούσια.

Από πλευράς απαισιοδοξίας, όλα θα χειροτερέψουν.

Από πλευράς θρησκείας, όλα έχουν ένα σκοπό.

Από πλευράς αισιοδοξίας, όλα θα βελτιωθούν.

Σωστό και λάθος ανθρώπινα δημιουργήματα.

Σ' όποιο δρόμο κι αν βατάς, ελπίζω αυτό το βιβλίο να σε έμπνευσε και να σε ώθησε να σκεφτείς, να προβληματιστείς, να ζήσεις.

Γράφωντας τις τελευταίες του σελίδες και κλείνοντάς το, ανοίγει μια μεγάλη τρύπα στο στήθος, και περιχέεται δέος.

Δέος για τη δημιουργία...

Δέος για τη ζωή...

Σας εύχομαι τα καλύτερα.

Σχετικά με τον συγγραφέα

Ο **ΧΡΗΣΤΟΣ ΖΑΜΠΑΣ** γεννήθηκε στις ΗΠΑ το 1989. Σε ηλικία δύο χρόνων οι Κύπριοι γονείς του αποφάσισαν να επιστρέψουν στην Κύπρο για να μεγαλώσουν τα πλέον τρία παιδιά τους. Μέσα από διάφορες συμπτώσεις κατέληξε να αποφοιτήσει από ξενόγλωσση σχολή δευτεροβάθμιας εκπαίδευσης στη Λεμεσό. Ακολουθώντας τα χνάρια των γονιών του, αποφάσισε να ξαναεπισκευτεί τις ΗΠΑ για να σπουδάσει Φυσική και Ηλεκτρονικούς Υπολογιστές. Μετά την αποφοίτησή του, αποφάσισε να συνεχίσει με διδακτορικό στη θεωρητική Φυσική.

Η σύγκρουση του Ελληνικού και ξένου στοιχείου, η στρατιωτική του θητεία, και πολλά ξεχωριστά άτομα που είχε την τιμή να γνωρίσει ενέπνευσαν τη δημιουργία του πρώτου του ιστολογίου. Με την πάροδο του χρόνου, και καθώς το ιστολόγιο σταδιακά φούσκωνε και εξελισσόταν, ο Χρήστος αποφάσισε να το μετατρέψει στο πρώτο του βιβλίο με το όνομα: *Άγγελοι, Δελφίνια και Καλικάντζαροι.*

www.ingramcontent.com/pod-product-compliance
Lightning Source LLC
Chambersburg PA
CBHW061510040426
42450CB00008B/1544